CONFÉRENCE MONÉTAIRE

ENTRE

LA BELGIQUE, LA FRANCE, LA GRÈCE, L'ITALIE ET LA SUISSE

EN 1879.

ACTE ADDITIONNEL

À

L'ARRANGEMENT

RELATIF À L'EXÉCUTION DE L'ARTICLE 8

DE LA

CONVENTION DU 5 NOVEMBRE 1878

ET

PROCÈS-VERBAUX.

MINISTÈRE DES AFFAIRES ÉTRANGÈRES.

CONFÉRENCE MONÉTAIRE

ENTRE

LA BELGIQUE, LA FRANCE, LA GRÈCE, L'ITALIE ET LA SUISSE

EN 1879.

ACTE ADDITIONNEL

À L'ARRANGEMENT RELATIF À L'EXÉCUTION DE L'ARTICLE 8

DE LA CONVENTION DU 5 NOVEMBRE 1878

ET

PROCÈS-VERBAUX.

PARIS.

IMPRIMERIE NATIONALE.

1879.

ACTE ADDITIONNEL

À

L'ARRANGEMENT

RELATIF À L'EXÉCUTION DE L'ARTICLE 8

DE LA

CONVENTION DU 5 NOVEMBRE 1878.

ACTE ADDITIONNEL

À

L'ARRANGEMENT

RELATIF

À L'EXÉCUTION DE L'ARTICLE 8

DE LA CONVENTION MONÉTAIRE

DU 5 NOVEMBRE 1878.

Les Gouvernements signataires de la Convention monétaire conclue à Paris le 5 novembre 1878 ayant cru devoir laisser à l'Italie la faculté d'ajourner à l'époque qu'elle jugerait convenable la suppression des coupures divisionnaires de papier inférieures à cinq francs prévue à l'article 8 de ladite Convention,

Les Soussignés, dûment autorisés à cet effet, sont convenus des dispositions suivantes :

ARTICLE PREMIER.

Les pièces italiennes d'appoint en argent retirées de la circulation en Belgique, en France, en Grèce et en Suisse, et centralisées par le Gouvernement français conformément à l'article 2 de l'Arrangement annexe à la Convention monétaire du 5 novembre 1878, seront tenues à la disposition du Gouvernement italien.

Le compte de ces pièces sera arrêté entre la France et l'Italie au 31 janvier 1880.

ART. 2.

Le Gouvernement français transmettra ces pièces au Gouvernement italien, dans les localités que celui-ci désignera sur la frontière française ou à Civita-Vecchia.

Les monnaies provenant de la Belgique, de la Grèce et de la Suisse, dont le montant est évalué à la somme de 13 millions, seront transmises, jusqu'à concurrence de ladite somme, dans les quinze premiers jours du mois de janvier 1880.

Le solde des pièces retirées d'après le compte arrêté entre la France et l'Italie sera transmis dans les six premiers mois de la même année 1880.

ART. 3.

Le remboursement par le Gouvernement italien des pièces qui lui auront été remises s'effectuera, soit en or, soit en pièces de 5 francs d'argent, soit en traites sur Paris, soit en bons du Trésor italien payables à Paris, et se fera aux époques suivantes :

1° Dans les quinze premiers jours du mois de janvier 1880, la somme de 13 millions représentant la contre-valeur des pièces provenant de la Belgique, de la Grèce et de la Suisse;

2° Dans le courant de l'année 1880, une somme de 17 millions;

3° Dans le courant de chacune des années 1881, 1882 et 1883, le tiers de la somme représentant le solde du montant des pièces retirées, ladite somme portant un intérêt maximum de 3 p. o/o l'an, payable en numéraire à partir du jour de la remise des pièces.

Le Gouvernement italien se réserve, d'ailleurs, la faculté de se libérer par anticipation.

ART. 4.

Dans le cas où le Gouvernement italien manifesterait le désir d'ajourner la réception des pièces autres que les 13 millions provenant de la Belgique, de la Grèce et de la Suisse, le Gouvernement français, sur l'avis qui lui en sera donné avant le 31 décembre 1879, s'engage à les garder, en totalité ou en partie, pour les tenir à toute époque à la disposition du Gouvernement italien, jusqu'aux échéances fixées par l'article précédent pour le remboursement, et ce, moyennant un intérêt maximum de 1 1/2 p. o/o payable en numéraire, à partir du 1er janvier 1880 jusqu'au jour de la livraison des pièces.

ART. 5.

La circulation effective, tant en monnaies d'appoint en argent qu'en coupures de papier inférieures à cinq francs, ne pourra pas dépasser le chiffre de six francs par habitant stipulé à l'article 10 de la Convention du 5 novembre 1878.

En conséquence, les pièces qui auront été remises au Gouvernement italien, ainsi qu'il est dit aux articles 2 et 4 du présent Acte, ne seront livrées à la circulation que pour servir à l'échange des coupures de papier inférieures à cinq francs, lors de la suppression légale desdites coupures.

ART. 6.

Le Gouvernement italien remboursera au Gouvernement français, en même temps que le solde du montant des pièces qui lui auront été remises, les frais de toute nature, y compris les frais de transport à la frontière, auxquels donneront lieu les opérations prévues par le présent Acte additionnel ainsi que par les articles 1 et 2 de l'Arrangement annexe à la Convention du 5 novembre 1878, ces frais ne pouvant, dans aucun cas, dépasser la somme de 250,000 francs.

ART. 7.

Le présent Acte additionnel est destiné à remplacer les articles 3, 4, 5, 6, 7 et 8 de l'Arrangement du 5 novembre 1878, dans le cas où le Gouvernement italien en réclamerait l'application au moment de l'échange des ratifications de ladite Convention.

ART. 8.

Le présent Acte additionnel à l'Arrangement monétaire du 5 novembre 1878 sera ratifié, et les ratifications en seront échangées à Paris en même temps que celles dudit Arrangement.

En foi de quoi les Soussignés ont dressé le présent Acte, qu'ils ont revêtu du cachet de leurs armes.

Fait à Paris, le 20 juin 1879.

(L. S.) *Signé :* Eudore PIRMEZ.
(L. S.)   GARNIER.
(L. S.)   Léon SAY.
(L. S.)   Ch. JAGERSCHMIDT.
(L. S.)   P. MUSNIER DE PLEIGNES.
(L. S.)   L. RUAU.
(L. S.)   N.-P. DELYANNI.
(L. S.)   P. SCOTTI.
(L. S.)   MALVANO.
L. S.)   KERN.

PROCÈS-VERBAUX.

PREMIÈRE SÉANCE.

CONFÉRENCE MONÉTAIRE

ENTRE

LA BELGIQUE, LA FRANCE, LA GRÈCE, LA SUISSE ET L'ITALIE

EN 1879.

____

1RE SÉANCE.

MERCREDI 11 JUIN 1879.

____

PRÉSIDENCE DE M. LÉON SAY.

____

MM. les représentants de la Belgique, de la France, de la Grèce, de l'Italie et de la Suisse s'étant réunis en Conférence, le 11 juin 1879, à l'hôtel du Ministère des Affaires étrangères, à Paris, la séance est ouverte à une heure et demie après midi.

Étaient présents :

Pour la Belgique :

M. PIRMEZ, ancien Ministre de l'intérieur, membre de la Chambre des Représentants ;

M. GARNIER, Conseiller de la légation de Belgique, à Paris.

Pour la France :

M. Léon SAY, Ministre des finances ;

M. Charles JAGERSCHMIDT, Ministre plénipotentiaire ;

M. MUSNIER DE PLEIGNES, Directeur du mouvement général des fonds au Ministère des finances ;

M. RUAU, Directeur de l'Administration des monnaies et médailles.

Pour la Grèce :

M. DELYANNI, Chargé d'affaires du Gouvernement hellénique, à Paris.

Pour l'Italie :

M. Scotti, Directeur général du Trésor;

M. Malvano, Directeur des affaires politiques au Ministère des Affaires étrangères.

Pour la Suisse :

M. Kern, Envoyé extraordinaire et Ministre plénipotentiaire de la Confédération.

Sur la proposition de M. Kern, la présidence est déférée à M. Léon Say.

M. Ernest Crampon, consul de France de première classe, et M. Henri Jagerschmidt, auditeur au Conseil d'État, sous-chef du cabinet de M. le Ministre des finances, sont chargés des fonctions de secrétaires.

Sur l'invitation de M. le Président, M. Charles Jagerschmidt expose les circonstances à la suite desquelles a eu lieu la convocation de cette nouvelle conférence, alors que la Convention du 5 novembre 1878 avait déjà reçu la sanction des pouvoirs législatifs en Belgique et en Suisse, et un commencement d'approbation en France par le vote, en première lecture, à la Chambre des députés, du projet de loi portant approbation de ladite Convention. Il rappelle que le Gouvernement italien, après avoir d'abord, dans des correspondances officieuses, exprimé le désir que cette Convention fût soumise à certaines retouches, a ensuite déclaré, par une note officielle en date du 28 avril 1879, qu'il ne croyait pas pouvoir obtenir la sanction du Parlement italien si les arrangements du 5 novembre ne recevaient pas les deux modifications suivantes :

1° Droit exceptionnellement accordé à l'Italie de frapper, pendant les trois années 1880, 1881 et 1882, un contingent annuel de 20 millions de francs en pièces de 5 francs;

2° Suppression de l'article 7 de l'Arrangement portant obligation pour l'Italie de retirer de la circulation et de détruire la totalité deses coupures de papier inférieures à 5 francs, dans les six mois qui suivront la remise de la totalité de ses pièces divisionnaires.

Sans entrer dans le détail des réponses faites à ces demandes par le Gouvernement français, M. Jagerschmidt en fait du moins connaître la conclusion en donnant lecture d'une Note adressée par M. le Ministre des affaires étrangères à M. le marquis de Noailles, en date du 25 mai 1879, et de laquelle il résulte :

1° Que la France, ainsi que la Belgique et la Suisse, sont fermement résolues à maintenir le principe de la suspension de la frappe de l'argent;

2° Que, si, conformément à ce principe, le Gouvernement italien retirait sa demande relative à la frappe des pièces de 5 francs, « le Gouvernement français consentirait à appuyer auprès de ses coassociés la proposition qui serait faite par l'Italie de négocier un nouvel acte additionnel à la Convention de 1878, acte qui aurait pour objet de substituer à l'article 7 de l'Arrangement annexe un ensemble de dispositions de nature à présenter, contre le retour des pièces d'appoint en argent, autant de sécurité qu'en offraient le retrait et la destruction des petites coupures; et que le Gouvernement français était prêt à recevoir, sur cette base, les propositions officielles du nouveau cabinet italien, et à provoquer, au besoin, la réunion d'une conférence si le cabinet italien croyait devoir envoyer un délégué spécial pour discuter les conditions de ce nouvel accord. »

C'est à la suite de cet échange de communications, dont il a été donné connaissance aux États coassociés, que la Conférence actuelle a été réunie pour examiner les propositions qui vont être faites par MM. les Délégués de l'Italie et pour négocier un acte additionnel sur les bases indiquées dans la Note française du 25 mai.

M. Delyanni n'a pas encore pu recevoir d'Athènes les instructions qui lui permettraient de prendre part aux résolutions de la Conférence; mais, dans la prévision où il est de les recevoir par le télégraphe, à très bref délai, il a cru pouvoir assister, sous toute réserve, à la réunion.

M. le Président donne la parole à MM. les Délégués italiens.

M. Malvano dit que le Gouvernement italien a pensé qu'il s'agissait, pour le moment, d'une discussion préliminaire destinée à préparer un projet d'accord. C'est à cette première élaboration que son collègue, M. Scotti, et lui sont seulement autorisés à concourir, et, jusqu'à ce qu'ils aient reçu des pouvoirs plus étendus, ils ne sauraient participer à la conclusion d'aucun arrangement ayant le caractère d'un acte international, ni même signer, dans des procès-verbaux, aucune déclaration qui serait de nature à engager leur Gouvernement.

Il n'est pas impossible, ajoute M. Malvano, que, à la suite de ces conversations préliminaires, les Délégués italiens ne reçoivent eux-mêmes le pouvoir de siéger officiellement dans une conférence et de signer un acte additionnel à la Convention du 5 novembre 1878; mais, pour se tenir strictement dans les limites de leur mandat actuel, ils ne peuvent se livrer qu'à un examen purement officieux des questions pendantes.

M. le Président exprime le désir de connaître le sentiment de MM. les délégués des autres États sur la déclaration qui vient d'être faite par M. Malvano. Il voudrait savoir si, dans leur opinion, cette déclaration permet à la

Conférence d'entrer immédiatement dans la discussion, ou si, au contraire, elle ne leur paraît pas devoir en entraîner l'ajournement.

M. KERN s'attendait à ce que des propositions en règle allaient être faites de la part du Gouvernement italien touchant certaines modifications à apporter à l'Arrangement de 1878; il ne voit, d'ailleurs, aucun inconvénient à entendre aujourd'hui les explications purement officieuses que MM. les Délégués italiens peuvent donner sur les vues de leur Gouvernement. Il est extrèmement désireux, pour sa part, de connaître les motifs qui ont déterminé le nouveau cabinet italien à faire suspendre l'examen par la Commission parlementaire italienne du projet de loi portant approbation de la Convention du 5 novembre 1878, projet de loi dont la Chambre des députés avait déjà été saisie.

En présence des explications qui viennent d'être données sur le caractère de la mission confiée aux Délégués de l'Italie, M. JAGERSCHMIDT (Charles) tient à constater que l'invitation de se réunir en conférence n'a été adressée par le Ministère des Affaires étrangères de France aux Gouvernements des États coassociés que par suite de l'adhésion donnée par le Gouvernement italien à l'envoi de délégués spéciaux chargés de prendre part à la négociation d'un acte additionnel sur les bases de la Note du 25 mai.

M. PIRMEZ fait observer que l'examen des nouvelles questions soulevées par le Gouvernement italien ne peut guère se faire dans le sein d'une réunion dont les membres ne seraient pas tous revêtus du même caractère. Si les Délégués du Gouvernement italien ne siègent pas comme membres de la Conférence, comment assisteront-ils à ses délibérations? Ils sembleront comparaître devant elle. Ce serait là une situation peu régulière et peu acceptable pour l'Italie. La déclaration faite par M. Malvano devrait donc entraîner, selon lui, un ajournement de la discussion jusqu'à ce que MM. les Délégués italiens aient reçu des pouvoirs identiques à ceux dont les représentants de la France, de la Suisse et de la Belgique sont déjà munis, et que va sans doute recevoir M. le Chargé d'affaires de Grèce.

M. MALVANO désire justifier le Ministère des Affaires étrangères d'Italie contre le reproche qu'on semble lui faire de n'avoir pas pleinement répondu à l'invitation qu'il avait reçue. Il reconnaît que la convocation faite en suite de l'adhésion donnée, en principe, par le Gouvernement italien à la marche tracée dans la Note du 25 mai, a pu être considérée comme impliquant la négociation immédiate d'un nouvel arrangement, et que, à ce point de vue, les délégués devaient être pourvus, dès aujourd'hui, de l'autorisation nécessaire pour conclure cet arrangement. Mais, si l'on veut bien se reporter aux termes mêmes de la Note du 25 mai, on verra qu'il y est question,

avant la réunion d'une conférence, de « l'envoi d'un délégué spécial pour discuter les conditions d'un nouvel accord. » D'après ces expressions, dit
M. Malvano, il est clair que le Gouvernement italien était au moins autorisé
à croire qu'il s'agissait d'abord d'une simple discussion à suivre par des délégués spéciaux, discussion officieuse, pouvant conduire à un accord dont
la teneur serait ultérieurement soumise à l'examen et aux résolutions défi-
nitives d'une conférence. Cette marche a paru au Gouvernement du Roi
d'autant plus indiquée que les questions à débattre se rattachent par un
lien étroit à des faits d'ordre intérieur qu'il est difficile et délicat d'aborder
dans des discussions diplomatiques. Il était surtout désirable, à ses yeux,
que la plus grande franchise pût être mise par ses délégués dans leurs explications, et, à cet égard, le caractère restreint de leur mandat actuel, en fa-
cilitant ces explications, n'est certainement pas de nature à entraver une
entente finale. Il ne peut, d'ailleurs, avoir aucun inconvénient. Si les
explications claires et loyales que les délégués de l'Italie sont chargés de
donner conduisent à un accord, cette limitation momentanée de leurs pouvoirs
n'aura été qu'un fait personnel, qui cessera le jour où ils recevront l'autorisation de conclure eux-mêmes, s'il y a lieu, l'arrangement qu'ils auraient
préparé. Si, au contraire, leurs efforts n'aboutissaient pas à ce résultat dé-
siré, leurs explications resteraient comme de simples renseignements.

M. Jagerschmidt (Charles) pense que, dans l'état actuel des choses,
et pour répondre, autant que possible, aux intentions du Gouvernement italien,
les membres de la Conférence pourraient, dès aujourd'hui, se livrer à une
conversation officieuse dont il ne sera pas tenu procès-verbal et qui pourra
faire d'autant plus avancer la négociation qu'elle sera plus complète et plus
libre.

M. Scotti dit que les Délégués italiens ont été spécialement chargés par
leur Gouvernement de donner toutes les explications propres à bien établir
que les alliés monétaires de l'Italie n'ont aucun intérêt réel à maintenir, dans
la Convention du 5 novembre 1878, les clauses d'ordre intérieur relatives au
retrait et à la destruction des petites coupures; et que, du moment que les
pièces divisionnaires italiennes restituées à l'Italie ne seront plus reçues
dans les caisses publiques des autres États de l'Union, l'intérêt de ces États
sera garanti autant qu'il peut l'être.

En ce qui concerne la frappe des pièces de 5 francs en argent, les Délégués italiens s'étaient d'abord proposé de soumettre à la Conférence un
ensemble de considérations qui, dans leur pensée, eût été de nature à
convaincre leurs collègues de la situation toute spéciale dans laquelle l'Italie
se trouve par rapport à cette question. Mais, en présence des instructions qui
prescrivent aux Délégués de tous les autres États d'écarter dans cette Conférence toute proposition touchant la frappe de l'argent, les Délégués italiens

se bornent à annoncer que le Gouvernement du Roi a l'intention de faire parvenir aux Gouvernements de l'Union un mémoire relatant avec précision les opérations qui ont été faites par l'Italie en cette matière, et justifiant la légitimité des demandes qu'il avait formulées à ce sujet. Les Délégués italiens ne doutent pas que cet exposé pourra être utilement pris en considération dans l'éventualité d'une reprise de la frappe de l'argent, éventualité d'ailleurs prévue par le deuxième paragraphe de l'article 9 de la Convention du 5 novembre 1878.

Sans méconnaître l'utilité des informations annoncées par M. le Délégué italien, M. LE PRÉSIDENT fait observer que l'envoi de ce mémoire aux Gouvernements de l'Union n'implique, de leur part, en aucune façon, l'abandon du principe formulé dans le deuxième paragraphe de l'article 9 de la Convention, en vertu duquel la frappe de l'argent doit être suspendue pendant la durée de ladite Convention, à moins que, par un accord unanime, il n'en soit décidé autrement.

MM. les Délégués de la Belgique, de la Grèce et de la Suisse s'associent à l'observation de M. le Président.

M. LE PRÉSIDENT propose à la Conférence d'ajourner *sine die* sa réunion officielle jusqu'à ce que les pourparlers officieux aient abouti et que le Gouvernement italien ait autorisé ses délégués à discuter officiellement les termes du nouvel arrangement.

M. KERN appuie cette proposition. Tout en constatant que, dès aujourd'hui, les représentants des Gouvernements de l'Union, convoqués officiellement en vue d'une nouvelle négociation, sont tous, sauf ceux de l'Italie (celui de la Grèce devant l'être incessamment), déjà munis des pouvoirs nécessaires pour conclure et signer un acte international, il fait remarquer que rien ne les empêche de se livrer d'abord à de simples conversations, qui auraient cet avantage qu'elles leur permettraient d'exprimer plus librement leurs impressions sur les incidents qui se sont produits en Italie relativement à la Convention du 5 novembre 1878.

M. le Ministre de Suisse demande, en outre, que l'un des Délégués français veuille bien préparer, séparément avec ceux de l'Italie, un avant-projet d'arrangement dont les termes seraient ensuite placés sous les yeux des Délégués de la Belgique, de la Suisse et de la Grèce. Cette manière de procéder lui semblerait très naturelle, puisqu'il s'agit du règlement d'une question qui intéresse plus particulièrement la France et l'Italie.

A la suite de ces diverses observations, il est décidé, d'un commun accord, que la Conférence s'ajourne jusqu'à nouvel ordre, et que les explications et propositions de MM. les Délégués italiens se produiront dans des entretiens officieux dont il ne sera pas tenu procès-verbal.

La séance est levée à 2 heures et demie.

Le *Président*,

Signé : Léon SAY.

Les Secrétaires,

Signé : Ernest Champon.

Henri Jagerschmidt

DEUXIÈME SÉANCE.

CONFÉRENCE MONÉTAIRE

ENTRE

LA BELGIQUE, LA FRANCE, LA GRÈCE, LA SUISSE ET L'ITALIE

EN 1879.

2ᵉ SÉANCE.

VENDREDI 13 JUIN 1879.

PRÉSIDENCE DE M. LÉON SAY.

Étaient présents, MM. les Délégués

    de la Belgique,

    de la France,

    de la Grèce,

    de l'Italie,

    et de la Suisse,

qui assistaient à la précédente réunion.

La séance est ouverte à 2 heures 1/4.

M. Delyanni annonce qu'il a reçu d'Athènes les instructions qu'il en attendait et par lesquelles son Gouvernement l'autorise à signer un acte additionnel à la Convention monétaire et à l'Arrangement du 5 novembre 1878, qui serait rédigé de concert avec tous les membres de la Conférence.

M. le Président dit que, MM. les Délégués de l'Italie ayant reçu de leur Gouvernement l'autorisation de prendre officiellement part à la négociation, la Conférence se trouve réunie aujourd'hui pour examiner un projet d'acte additionnel à la Convention du 5 novembre 1878, dont la rédaction, préparée dans des entretiens particuliers, a été communiquée, avant séance, à MM. les Délégués de la Belgique, de la Grèce et de la Suisse. Il propose de faire porter immédiatement la discussion sur l'article 5 de ce projet, article dans lequel se trouve exprimée l'idée fondamentale de l'arrangement et qui est ainsi conçu :

ARTICLE 5. — La somme totale des monnaies italiennes d'appoint en argent et des coupures divisionnaires de papier ne dépassera, en aucun cas, dans la circulation, le chiffre de six francs par habitant, stipulé à l'article 10 de la Convention du 5 novembre 1878.

En conséquence, et jusqu'à ce qu'il convienne au Gouvernement italien de procéder à la suppression de ses coupures de papier inférieures à 5 francs, les pièces qui lui auront été remises, ainsi qu'il est dit aux articles 2 et 4 du présent Acte, seront retenues dans les caisses publiques en Italie pour y être immobilisées, et ne seront livrées à la circulation intérieure que dans le cas de la suppression de la totalité desdites coupures.

M. PIRMEZ, avant d'entrer dans la discussion de cet article, demande qu'il soit au préalable bien entendu que la faculté laissée, en fait, à l'Italie d'avoir, jusqu'à nouvel ordre, son contingent de monnaie divisionnaire soit en espèces, soit en papier, n'implique nullement, de la part du Gouvernement belge, l'abandon des principes qui ont été formulés en son nom dans la dernière Conférence (procès-verbal de la séance du 19 octobre 1878). Le Gouvernement belge, en acceptant les termes de cet article, se rendrait à la nécessité des circonstances; il n'en persiste pas moins à regarder le régime du cours forcé des billets de banque dans un des États coassociés comme étant un fait anormal, en contradiction absolue avec la base même de l'Union monétaire.

M. LE PRÉSIDENT fait observer que la négociation actuelle laisse parfaitement intactes toutes celles des stipulations de la Convention du 5 novembre 1878 que l'acte additionnel ne modifierait pas expressément, ainsi que les déclarations consignées dans les procès-verbaux de la précédente Conférence.

M. KERN appuie cette observation. Il demande ensuite que MM. les Délégués italiens veuillent bien préciser la position qui leur est faite, au début de cette réunion, par les nouveaux pouvoirs dont ils sont munis.

M. MALVANO dit que son collègue, M. Scotti, et lui viennent de recevoir l'autorisation de négocier et de conclure un acte additionnel à la Convention du 5 novembre 1878. La position des Délégués italiens dans la Conférence est donc, désormais, absolument identique à celle des délégués des autres États. Ils se trouvent même en mesure de faire connaître l'avis du Gouvernement italien sur l'ensemble du projet de rédaction qu'ils lui ont transmis en substance par le télégraphe, et spécialement sur l'article 5 dont ils lui ont fait parvenir le texte intégral.

Ainsi que les Délégués ont cherché à l'expliquer dans les pourparlers officieux qui ont précédé la séance actuelle, le Gouvernement italien ne croit pas pouvoir partager les appréhensions que l'on paraît ressentir d'une nouvelle émigration des monnaies divisionnaires italiennes, même après l'interdiction dont elles vont être frappées dans les autres États de l'Union suivant l'article 8 de la Convention du 5 novembre. L'article 7 de l'Arrangement du 5 novembre aurait donc pu, selon lui, être supprimé sans inconvénient. Il persiste à croire, dans tous les cas, qu'il eût été préférable de soustraire au régime de la Convention tout ce qui a trait à la monnaie divisionnaire tant que le cours forcé subsistera en Italie. Néanmoins, le Gouvernement du Roi est disposé, par esprit de conciliation, à déférer sur ce point au désir de ses alliés. Il admet donc, en principe, l'idée exprimée dans l'article 5 du projet d'acte additionnel ; mais il ne croit pas utile de donner à cette idée les développements qu'elle a reçus dans la seconde partie de l'article. L'engagement de retenir dans les caisses publiques, pour les immobiliser, les pièces de monnaie divisionnaire, restituées à l'Italie, qui ne seraient pas employées au retrait et au remplacement des petites coupures, résulte assez clairement, selon lui, de ce que l'Italie s'engage à ne pas avoir dans sa circulation effective, en monnaie divisionnaire de papier ou d'argent, plus de six francs par habitant, et il va de soi que le Gouvernement doit retenir dans ses caisses ce qu'il ne doit pas laisser circuler. La seconde partie du texte projeté, contenant l'expression d'une clause superflue, aurait peut-être, dit M. Malvano, l'inconvénient d'éveiller les susceptibilités que la négociation actuelle a précisément pour but de ménager.

Le Gouvernement italien a, en conséquence, chargé ses Délégués de proposer une nouvelle rédaction ainsi conçue :

ARTICLE 5. La circulation effective et réelle en monnaie divisionnaire ou en billets au-dessous de 5 francs ne pourra pas dépasser le chiffre de six francs par habitant. On ne mettra pas en circulation simultanément la monnaie divisionnaire et les billets auxquels la monnaie divisionnaire aura été substituée.

M. Malvano fait ressortir l'avantage qu'il y aura, selon lui, à ramener ainsi à ses termes essentiels l'obligation de l'Italie, et à ne pas insister inutilement, d'une manière qui pourrait paraître fâcheuse, sur des détails d'exécution auxquels il est bien évident que le Gouvernement italien n'entend pas se soustraire, en tant qu'ils seraient la conséquence nécessaire de l'obligation qu'il contracte.

M. LE PRÉSIDENT compare les deux textes et constate qu'ils tendent au même but. Mais la distinction établie par le texte italien entre une circulation effective et une circulation qui ne le serait pas lui paraît de nature à enlever à la clause principale le caractère de netteté et de précision qu'il serait désirable de lui donner, et il invite MM. les Délégués italiens à vouloir bien expliquer ce qu'on doit entendre par circulation effective.

M. SCOTTI et M. MALVANO entrent, à cet égard, dans des explications développées d'où il résulte :

Que la circulation des petites coupures est actuellement, en Italie, de

113 millions, et qu'il n'y a eu, jusqu'ici, qu'une émission totale de 156 millions en pièces de monnaie d'appoint, en argent sur lesquels 25 millions se trouvent dans les caisses des banques, 25 millions dans celles de l'État, 100 millions environ sont supposés être dans la circulation de l'Union hors de l'Italie, et le reste, soit environ 6 millions, dans la circulation en Italie;

Que, en s'engageant à ne pas dépasser le chiffre de six francs par habitant en monnaie divisionnaire, papier ou métal, le Gouvernement italien se met, par ce fait, dans la nécessité, soit de laisser en France, suivant la faculté qui lui est offerte, soit de retenir dans ses caisses le montant des 100 millions qui vont être retirés de la circulation hors de l'Italie, jusqu'à ce qu'il l'emploie au remplacement des 113 millions de petites coupures circulant en Italie;

Et que, en réalité, tant que le cours forcé des petites coupures existera en Italie, il y aura une certaine quantité de monnaie divisionnaire qui, se trouvant immobilisée dans les caisses publiques, ne peut être considérée comme étant en circulation et ne doit évidemment pas être comprise dans le calcul du contingent normal des 170 millions de monnaie divisionnaire, métal ou argent, accordé à l'Italie.

M. Pirmez, en présence de cette définition de la circulation effective, demande quelle sera précisément, et en fait, la garantie donnée par le Gouvernement italien aux autres États de l'Union, qu'aucune partie de la monnaie divisionnaire en argent qui va être rendue à l'Italie ne sera pas mise en circulation sans qu'une partie correspondante de la monnaie divisionnaire en papier ne soit retirée et détruite d'une manière définitive.

M. Scotti répond que la garantie résulte de ce que le retrait des petites coupures, ainsi que le dépôt des espèces dans des caisses publiques, sont des faits d'ordre public et légal qui, dans un État constitutionnel tel que le royaume d'Italie, sont nécessairement débattus devant les Chambres ou relatés dans des documents officiels, et engagent des responsabilités multiples exerçant les unes sur les autres un contrôle réciproque.

M. le Président fait observer que le système de circulation effective et d'immobilisation qui a été exposé par MM. les Délégués italiens pourrait, en effet, offrir aux États de l'Union des garanties suffisantes contre le retour des pièces restituées, mais ce serait à deux conditions :

1° Que les pièces restituées ne seront employées à aucun autre objet que le retrait des petites coupures;

2° Que cette opération, une fois entamée, s'effectuera d'une manière complète et définitive.

M. le Président ajoute que, si le texte proposé par les Délégués italiens était modifié dans ce sens, il s'y rallierait volontiers.

M. Malvano, comprenant la pensée de M. le Président en ce sens que le retrait des petites coupures ne doit pas s'effectuer autrement que comme une opération qui, une fois commencée, devra, avec les délais nécessaires bien entendu, être conduite jusqu'à son terme final, se déclare prêt à soumettre, par le télégraphe, à l'examen de son Gouvernement un texte modifié dans lequel cette pensée serait exprimée.

M. Kern n'admettrait la suppression du second paragraphe de l'article 5 du projet que s'il était remplacé par une clause exprimant bien nettement l'obligation, pour le Gouvernement italien, de ne remettre en circulation les pièces divisionnaires qu'en opérant le retrait intégral et définitif des petites coupures.

M. Pirmez insiste, à son tour, sur la nécessité où se trouvent les États coassociés de stipuler clairement que les cent millions de monnaie divisionnaire rendus à l'Italie ne seront remis en circulation que le jour où la suppression des petites coupures aura été décrétée et qu'ils ne pourront recevoir aucune autre destination; car, dit-il, si le Gouvernement italien, pour un motif quelconque, les livrait à la circulation sans retirer én même temps son papier divisionnaire, cette monnaie métallique, faisant prime sur le papier, serait immédiatement rejetée hors de l'Italie et viendrait s'échanger contre de l'or sur le territoire de l'Union, où elle resterait; c'est un principe invariable que, dans un pays où il y a deux monnaies, c'est toujours la meilleure qui en sort et la moins bonne qui y reste.

M. Pirmez remarque, à ce sujet, que la seconde partie du texte proposé par le Gouvernement italien, qui est ainsi conçue :

« On ne mettra pas en circulation simultanément la monnaie divisionnaire et les billets de banque auxquels la monnaie divisionnaire aura été substituée, »

semble laisser au Gouvernement italien la faculté de livrer la monnaie divisionnaire métallique à la circulation en dehors de toute substitution.

Il fait ensuite observer que cette phrase n'ajoute rien à l'engagement contenu dans la première partie de l'article, car il est bien évident que, si les pièces de métal étaient mises en circulation en même temps que les billets auxquels on les aurait substituées, en fait il n'y aurait pas de substitution. La substitution d'une pièce de métal à un billet entraîne le retrait et la destruction du billet. M. le délégué de la Belgique croit qu'il faut supprimer cette clause qui est sans portée réelle. Il consentirait, d'ailleurs, à substituer à la seconde partie de l'article 5 du projet une rédaction nouvelle dans le sens déjà indiqué par les représentants de la France et de la Suisse.

M. Ruau remarque que, dans la rédaction du texte italien, le mot *réelle*, ayant la même signification que le mot *effective*, n'ajoute rien au sens de la phrase.

Il demande, en outre, que l'expression « *billets au-dessous de 5 francs* » soit remplacée par celle de « *coupures de papier inférieures à 5 francs* », déjà employée dans les actes précédents.

A la suite de ces diverses observations et après la recherche d'une nouvelle rédaction à laquelle MM. les membres de la Conférence se livrent ensemble, il est entendu, d'un commun accord, que l'article 5 du projet serait ainsi conçu :

Art. 5. La circulation effective, tant en monnaies d'appoint en argent qu'en coupures de papier inférieures à 5 francs, ne pourra pas dépasser le chiffre de six francs par habitant stipulé à l'article 10 de la Convention du 5 novembre 1878.

En conséquence, les pièces qui auront été remises au Gouvernement italien, ainsi qu'il est dit aux articles 2 et 4 du présent Acte, ne seront livrées à la circulation que pour servir à l'échange des coupures de papier inférieures à 5 francs, lors de la suppression légale desdites coupures.

MM. les Délégués italiens expriment l'intention de transmettre cette nouvelle rédaction à Rome par la voie télégraphique, et de la soumettre ainsi, sans aucun retard, à l'examen de leur Gouvernement.

M. le Président, obligé de se rendre au conseil des Ministres, s'excuse de ne pouvoir pas assister à la suite de la discussion, et prie M. Kern de vouloir bien le suppléer.

M. le Ministre de Suisse prend place au fauteuil.

M. Malvano demande la parole sur l'article 7 du projet, ainsi conçu :

Art. 7. Le présent Acte additionnel est destiné à remplacer les articles 3, 4, 5, 6, 7 et 8 de l'Arrangement du 5 novembre 1878, dans le cas où le Gouvernement italien en réclamerait l'application au moment de l'échange des ratifications de ladite Convention.

M. le Délégué italien déclare que, son Gouvernement ayant, dès aujourd'hui, l'intention bien arrêtée d'user du droit d'option qui lui est ouvert, en réclamant l'application de l'acte additionnel et non pas celle des articles 3, 4, 5, 6, 7 et 8 de l'Arrangement du 5 novembre 1878, il s'ensuit naturellement que l'énonciation d'un droit d'option à exercer lors de l'échange des ratifications se trouve maintenant sans objet. Il propose, en conséquence, de modifier la rédaction de l'article 7, en y exprimant, au lieu de l'éventualité d'une substitution à venir, le fait immédiat et déjà acquis du remplacement des articles de l'Arrangement par ceux de l'acte additionnel.

M. Pirmez fait observer que cette proposition inattendue de M. le Délégué italien soulève une difficulté de procédure d'une nature assez délicate. Il serait difficile au Gouvernement de la Belgique comme, sans doute, à ceux de la France et de la Suisse, après qu'ils ont demandé aux pouvoirs législatifs l'approbation des clauses de l'Arrangement du 5 novembre, de venir aujourd'hui, par un exposé de motifs contradictoire, en demander l'abrogation.

M. Jagerschmidt (Charles) s'explique difficilement les motifs qui ont inspiré la proposition de M. Malvano. L'Arrangement du 5 novembre est un acte indivisible. On ne peut en supprimer une partie, que l'on ne ratifierait pas, sans revenir sur les projets de loi votés ou en cours de votation. Le système développé dans cet Arrangement ayant été déjà jugé digne d'approbation par les pouvoirs législatifs en Belgique, en Suisse et en France, on ne peut guère admettre que le Parlement italien n'ait pas, au moins, la faculté de l'adopter à son tour, s'il le jugeait préférable au système de l'acte additionnel. A cet égard, la proposition de M. le Délégué italien semble peu en harmonie avec le but même que son Gouvernement se serait proposé d'atteindre en réclamant l'ouverture de cette négociation. C'est la nécessité où il se trouvait de ménager les susceptibilités du Parlement qu'il a invoquée, et, sur sa demande, les Gouvernements de l'Union ont consenti à entrer dans cette voie. Ne serait-ce pas en sortir aujourd'hui que de retirer précisément au Parlement italien ce droit d'option réclamé pour lui? Entre la rédaction de l'article 7 du projet qui tient ce droit ouvert en faveur de l'Italie jusqu'au moment de l'échange des ratifications, et la proposition que M. Malvano fait à la Conférence de fermer ce droit sur une simple déclaration du Gouvernement italien, la décision de la Conférence lui paraît tout indiquée.

M. Malvano, tout en appréciant ce qu'il peut y avoir de fondé dans les observations de M. Pirmez et de M. Jagerschmidt, croit toutefois opportun de rappeler que, en vertu d'une prérogative constitutionnelle, c'est seulement au Gouvernement du Roi qu'il appartient de décider quels sont les actes internationaux qui doivent être soumis à la sanction du Parlement. Si donc le Gouvernement a jugé dès aujourd'hui que ce sont les clauses contenues dans l'acte additionnel, et non pas celles de l'Arrangement du 5 novembre, qui sont susceptibles d'être agréées par le Parlement, ces dernières ont, par ce seul fait, cessé d'être l'objet possible d'une résolution législative.

Abstraction faite de ce point de vue, et alors même que le Gouvernement du Roi, renonçant volontairement, dans cette circonstance, à l'exercice de sa prérogative, se déciderait à soumettre en même temps les deux contrats à la sanction du Parlement, le remplacement de l'Arrangement par l'acte additionnel n'en serait pas moins considéré comme acquis déjà à l'Italie; car il est bien certain que, entre ces deux engagements, l'un plus étroit et l'autre plus large, c'est le second, c'est-à-dire celui de l'acte additionnel, que le Parlement adopterait.

M. Pirmez refuse à cette prévision le caractère de certitude qu'on lui donne. Il s'est déjà produit dans l'histoire des États telles circonstances où un contrat étroit a pu être préféré, et cela précisément parce qu'il liait plus étroitement le Gouvernement. Par exemple, s'il y avait aujourd'hui en Italie, comme naguère aux États-Unis, un grand parti politique voulant énergiquement l'abolition du cours forcé et la reprise des payements en espèces, il est extrêmement probable que ce parti, ayant à choisir entre l'acte additionnel et l'Arrangement du 5 novembre, se prononcerait en faveur de l'Arrangement, qui lui assurerait plus vite la réalisation de son programme en liant, en quelque sorte, le Gouvernement à sa propre cause par la solennité d'un engagement international. M. Pirmez ne connaît pas assez les vues des partis en Italie pour prévoir ce qui se passera; mais les faits déjà connus semblent y révéler, jusqu'à un certain point, quelque tendance analogue. La Commission nommée par la Chambre des députés pour l'examen du projet de loi portant approbation de la Convention du 5 novembre et de ses annexes l'a adopté à l'unanimité; elle avait fixé un délai au Gouvernement pour lui permettre d'obtenir les modifications qu'il désirait. Ainsi, bien loin que cette Commission se soit montrée défavorable aux clauses de l'Arrangement, elle les a approuvées et n'a montré que peu de propension à les modifier. Si, comme cela paraît assez plausible, on peut pressentir l'opinion de la Chambre par celle de la Commission, il ne semble pas que le Parlement italien doive, aussi certainement qu'on le dit, préférer l'acte additionnel à l'Arrangement du 5 novembre. Il est tout au moins à désirer qu'il soit mis à même de choisir d'après son sentiment.

M. Malvano ne manquerait pas de contester, en principe, que l'on puisse, en aucun pays, préjuger l'opinion du Parlement d'après celle d'une Commission; mais là n'est pas, pour lui, le point sur lequel porte le débat. Organe d'un Gouvernement qui, en vertu de ses prérogatives constitutionnelles, a seul qualité pour parler au nom de l'Italie dans les négociations diplomatiques, il s'en tient à répéter, d'après ses instructions, que le choix de l'Italie est fait, d'ores et déjà, entre le système de l'Arrangement et celui de l'acte additionnel; que le Gouvernement du Roi, usant du droit optionnel qui lui est accordé par ses alliés, est absolument décidé à remplacer les articles de l'Arrangement par ceux de l'acte additionnel et que, par conséquent, la substitution devant être considérée comme faite, il est inutile de réserver, dans l'article 7, l'usage à venir d'un droit qui, par le fait, a déjà été exercé.

M. Musnier de Pleignes demande ce que deviendraient les articles 1 et 2 de l'Arrangement si la proposition de M. Malvano était acceptée.

M. Malvano répond que ces articles resteraient en vigueur; on se bornerait à dire que les articles 3, 4, 5, 6, 7 et 8 de l'Arrangement sont remplacés; les articles 1 et 2, ne l'étant pas, seraient par conséquent main-tenus.

M. Jagerschmidt (Charles) signale à l'attention de MM. les Délégués ita-liens le grave inconvénient qui pourrait résulter de ce changement de ré-daction. Le Parlement italien, mis en présence d'une seule combinaison, pourrait ne pas l'approuver; c'est là une hypothèse qui n'a rien en soi d'ab-solument impossible. Or, si cette hypothèse venait à se réaliser, comme le temps manquerait pour entamer utilement une nouvelle négociation d'ici au 1er janvier 1880, époque à laquelle expire la Convention de 1865, il s'ensui-vrait que l'Union monétaire des cinq États se trouverait tout à coup rompue à l'improviste et, pour ainsi dire, par surprise. Tandis que, si on tient le droit optionnel de l'Italie ouvert jusqu'à l'échange des ratifications, c'est-à-dire jusqu'après le vote des Chambres, le Parlement ayant à choisir entre deux combinaisons, dont l'une ou l'autre lui conviendra, on est certain d'a-boutir et d'éviter l'extrémité fâcheuse d'une rupture de l'Union latine. Cette considération, à elle seule, devrait déterminer le maintien du droit optionnel de l'Italie jusqu'au moment prévu par l'article 7 du projet.

M. le Président Kern résume la discussion et, après avoir constaté que la proposition que M. Malvano a été chargé de faire n'a rencontré aucune adhésion dans le sein de la Conférence, il exprime l'espoir que MM. les Dé-légués de l'Italie voudront bien insister auprès de leur Gouvernement pour qu'il les autorise à la retirer.

M. Scotti et M. Malvano, déférant au vœu formulé par M. le Président, promettent d'en référer à Rome, par le télégraphe, et de faire connaître à la Conférence, demain ou après-demain au plus tard, la réponse qu'ils auront reçue.

La séance est levée à 5 heures.

Le Président,

Signé : Léon SAY.

Les Secrétaires,

Signé : Ernest Crampon.

Henri Jagerschmidt.

TROISIÈME SÉANCE.

CONFÉRENCE MONÉTAIRE

ENTRE

LA BELGIQUE, LA FRANCE, LA GRÈCE, LA SUISSE ET L'ITALIE

EN 1879.

3ᵉ SÉANCE.

LUNDI 16 JUIN 1879.

PRÉSIDENCE DE M. LÉON SAY.

Étaient présents, MM. les Délégués

> de la Belgique,
>
> de la France,
>
> de la Grèce,
>
> de l'Italie,
>
> et de la Suisse,

qui assistaient à la précédente réunion, excepté M. Pirmez que des affaires urgentes ont obligé à se rendre aujourd'hui en Belgique.

La séance est ouverte à 1 heure après midi.

M le Président rappelle à quel point en était arrivée, à la fin de la dernière réunion, la discussion du Projet d'acte additionnel. L'article 5 avait été accepté *ad referendum* par MM. les Délégués italiens; mais aucune entente ne s'était établie, entre eux et leurs collègues, sur l'article 7.

M. Malvano annonce que les Délégués italiens ont reçu des instructions qui les autorisent à accepter la rédaction de l'article 5 dans les termes qui ont été préparés à la dernière séance. Le Gouvernement du Roi consent donc, dit-il, à ce qu'il soit fait mention dans cet article de l'opération du retrait des petites coupures; mais il entend que cette opération très délicate pourra

5.

être conduite par lui avec tous les ménagements désirables, avec toute la prudence nécessaire ; qu'elle pourra se faire en plusieurs fois, d'une manière successive, et même avec des intervalles, c'est-à-dire que le retrait des différentes coupures de 50 centimes, de 1 franc et de 2 francs, se ferait, s'il y a lieu, séparément, par catégories, et comme il le jugera convenable pour ne pas exposer le marché à de trop fortes secousses. En se réservant, à ce sujet, l'usage d'une liberté légitime, le Gouvernement italien croit, d'ailleurs, pouvoir accepter sans modifications le texte de l'article 5, et M. Malvano se borne à demander qu'il soit fait mention de cette réserve au procès-verbal.

M. Kern dit qu'il a reçu aujourd'hui, lui aussi, des instructions du Gouvernement fédéral qui l'autorisent à accepter la rédaction de l'article 5.

En ce qui concerne la réserve qui vient d'être faite au nom du Gouvernement italien, comme il ne lui semble pas qu'elle soit en contradiction avec les termes de cet article, il n'a pas d'objection à ce qu'elle soit admise par la Conférence et consignée au procès-verbal.

M. le Président désirerait savoir si la marche que le Gouvernement italien se réserve de suivre dans l'opération successive du retrait des petites coupures, telle que M. Malvano vient de la décrire, garantirait efficacement les autres États contre le retour des pièces de monnaie divisionnaires partiellement remises en circulation.

Si le retrait de chaque catégorie de petites coupures était décidé séparément, s'il devait y avoir, non pas suppression totale, mais en quelque sorte plusieurs suppressions partielles, absolument indépendantes les unes des autres, il croit que l'on ne trouverait pas dans cette méthode des garanties suffisantes. Si, par exemple, la suppression des coupures de 50 centimes et la mise en circulation des petites pièces d'argent de même valeur avaient lieu d'abord séparément, comme il y a en Italie un nombre très considérable de pièces de 5 et de 10 centimes, qui feraient concurrence aux pièces de 50 centimes remises en circulation, il serait fort à craindre que les États de l'Union ne vissent de nouveau les pièces de 50 centimes refluer sur leur territoire.

Mais si, au contraire, les délais et les phases successives de l'opération étaient réglés par une seule disposition législative, de façon que le retrait des différentes catégories de coupures constituât une opération d'ensemble dont la conséquence finale serait, conformément aux termes de l'article 5, *la suppression des petites coupures*, on pourrait ne voir, dans les délais apportés à la mesure, que des modes d'exécution qui n'affaibliraient pas les garanties recherchées par les autres États.

Il faudrait donc, ajoute M. le Président, qu'il fût bien entendu que l'opération du retrait sera, dans sa totalité, l'objet d'une seule disposition législative.

M. Jagerschmidt (Charles) fait observer que c'est précisément là l'idée que la Conférence a voulu exprimer par ces mots: « suppression *légale* des petites coupures. »

M. Malvano dit que, le retrait des petites coupures paraissant devoir, dans sa pensée, impliquer le concours du pouvoir législatif, il est vraisemblable que le Gouvernement du Roi sera conduit à en faire l'objet d'une seule loi qui déterminerait la marche et les délais de l'opération. Il n'y aurait donc pas contradiction, sur ce point, entre l'idée que vient d'exprimer M. le Président et les intentions présumées du Gouvernement italien.

M. le Président déclare que, s'il en est ainsi, et pourvu que l'ensemble du retrait des petites coupures soit décrété en une seule fois, la réserve du Gouvernement italien, quant à la réglementation des détails et aux modalités de l'opération, pourrait concorder avec l'intérêt des autres États, et que, dès lors, il n'aurait pas d'objection à l'admettre.

M. Kern demande qu'il soit bien entendu que la réserve faite au nom du Gouvernement italien est acceptée par les Délégués de la Belgique, de la France, de la Grèce et de la Suisse, en ce sens que l'opération du retrait de la totalité des petites coupures pourra s'opérer, au gré du Gouvernement italien, par catégories de valeur et successivement, s'il y a lieu, mais que l'opération sera, dans son ensemble, l'objet d'une seule disposition législative.

M. Malvano fait connaître à la Conférence que, en ce qui concerne la rédaction de l'article 7, le Gouvernement italien a prescrit, par le télégraphe, à ses délégués de maintenir, en son nom, la proposition qu'ils avaient faite à la dernière séance. En conséquence, il croit devoir insister pour qu'il soit purement et simplement déclaré dans l'article 7 du projet que les articles 3, 4, 5, 6, 7 et 8 de l'Arrangement du 5 novembre sont remplacés par les clauses du présent acte additionnel.

M. Jagerschmidt (Charles), revenant sur les considérations déjà présentées par lui à la précédente séance, fait de nouveau ressortir les graves inconvénients du changement de rédaction proposé par le Gouvernement italien et la nécessité dans laquelle la Conférence se trouve, selon lui, de maintenir à l'Italie, jusqu'à l'échange des ratifications, c'est-à-dire jusqu'après le vote du Parlement, la faculté d'option qui lui est ouverte par l'article 7.

M. Kern n'aperçoit pas l'intérêt que le Gouvernement italien pourrait avoir à restreindre lui-même la durée du droit d'option réservé à l'Italie, et à décliner ainsi le bénéfice d'une clause qui lui est exclusivement favorable.

M. le Président voit avec regret s'élever, par le retour de la proposition de MM. les Délégués italiens, un grave obstacle à la marche d'une négociation qui semblait heureusement toucher à son terme. Il n'aperçoit pas plus clairement que M. Kern pourquoi le Gouvernement italien tient à supprimer, dans l'article 7, la formule d'un droit accordé à l'Italie sur sa propre demande.

L'acte additionnel que la Conférence a été chargée de conclure est, dans son ensemble, une concession faite au Gouvernement italien par les Gouvernements signataires de la Convention et de l'Arrangement du 5 novembre. Le Gouvernement italien avait exprimé le désir de pouvoir substituer à la combinaison stipulée dans l'Arrangement relatif à l'exécution de l'article 8 de la Convention un autre mode d'exécution qu'il juge préférable. Nous avons, dit M. le Président, voulu déférer à ce désir et nous avons consenti à lui ouvrir le droit optionnel qu'il réclamait.

En le déclinant aujourd'hui, et en nous proposant, au lieu de l'alternative entre deux combinaisons, la suppression absolue et immédiate, par nous-mêmes, de celle qui a déjà été sanctionnée par les divers pouvoirs législatifs, ce qu'il nous demande, en réalité, c'est la condamnation et le désaveu d'une combinaison que les États coassociés avaient jugée bonne et acceptable pour l'Italie, comme pour eux-mêmes, qu'ils jugent telle encore aujourd'hui et dont nous devrions maintenant poursuivre l'abrogation devant les mêmes Chambres législatives auprès desquelles nous en avons déjà réclamé l'approbation. Il nous obligerait ainsi à prendre vis-à-vis de nos Parlements respectifs une position difficile et fausse dans laquelle un Gouvernement ne se place pas quand il peut éviter de le faire, et que, pour son compte, le Gouvernement français ne voudrait pas accepter.

Il serait donc fort à désirer, en vue même du but principal que poursuit le Gouvernement italien, qu'il voulût bien ne pas nous demander ce que nous ne saurions lui accorder malgré l'esprit de conciliation qui nous anime et dont nous croyons lui avoir donné des preuves.

M. Malvano répond que, si les Délégués italiens sont loin de méconnaître la valeur des objections faites à leur proposition, il y a pourtant un principe et un fait qui, à leurs yeux, dominent ce débat. Le principe, c'est la prérogative constitutionnelle en vertu de laquelle le Gouvernement du Roi a seul le droit de juger de la convenance des projets de loi à soumettre à la sanction du Parlement; le fait, c'est l'usage qu'il entend faire et qu'il fait dès aujourd'hui de cette prérogative, en déclarant que, entre les deux combinaisons qui sont offertes à son choix, c'est celle de l'acte additionnel qu'il choisit.

Le principe semblerait recevoir une atteinte fâcheuse, et le fait serait méconnu, si, par la rédaction de l'article 7, on persistait à dire que son choix et la substitution qui en découle n'auront lieu qu'au moment de l'échange des ratifications. La prérogative du Gouvernement du Roi est incontestable, son choix est fait, et il le déclare. Pourquoi donc vouloir dire qu'il en usera plus tard, alors qu'il en use aujourd'hui? Cela ne paraît pas logique, et, au fond, ce que les Délégués italiens demandent, c'est, purement et simplement, que la rédaction de l'article 7 soit mise d'accord avec ce qui est.

M. Jagerschmidt (Charles) fait observer que le Gouvernement italien ne ferait pas un usage moins complet et moins décisif de sa prérogative constitutionnelle en déclarant au Parlement que, des deux combinaisons offertes par l'Arrangement et par l'acte additionnel, c'est la seconde seulement qu'il entend soumettre à son approbation.

M. Malvano dit que, le point en discussion ayant été soumis, dès le début des conférences actuelles, à l'examen du Gouvernement italien, celui-ci a fait parvenir, à ce sujet, à ses délégués, des instructions précises auxquelles M. le Président du Conseil, interrogé hier par voie télégraphique, leur a donné l'ordre de se reporter. Pour se conformer à cet ordre, les Délégués italiens ne peuvent donc que maintenir leur proposition.

Néanmoins, M. Malvano se demande si, en présence des difficultés qu'il éprouve à faire admettre par la Conférence le changement de rédaction proposé par son Gouvernement à l'article 7, il n'y aurait pas quelque moyen terme auquel on pourrait avoir recours, et qui, tout en tenant pleinement compte du point de vue auquel s'est placé M. le Président, et laissant subsister dans son intégrité le texte actuel de l'article, donnerait jusqu'à un certain point satisfaction au désir de son Gouvernement. Ne pourrait-on pas, par exemple, convenir que, dans la dernière séance de la Conférence, c'est-à-dire au moment de la signature de l'acte additionnel y compris la formule d'option, les Délégués italiens déclareraient officiellement que le Gouvernement du Roi use de son droit d'option sans profiter du délai qu'on voudrait lui laisser, et qu'il choisit le système de l'acte additionnel qui se trouverait substitué, dès lors, aux articles 2, 3, 4, 5, 6, 7 et 8 de l'Arrangement. Cette déclaration, en complète harmonie avec les principes et les faits, laisserait subsister dans sa teneur actuelle l'article 7; elle serait seulement insérée au procès-verbal. Il semble à M. Malvano que cet expédient répondrait peut-être aux diverses exigences de la situation.

M. le Président dit qu'il ne croirait pas pouvoir admettre cette procédure sans y être autorisé par le Gouvernement français.

M. Kern est d'avis que la Conférence, pour rester absolument neutre vis-à-vis des divers partis politiques qui, à l'intérieur de l'Italie, peuvent avoir des opinions différentes sur la question monétaire, doit maintenir, sans restriction d'aucune sorte, la rédaction de l'article 7.

M. Garnier se croit autorisé à déclarer que, dans l'opinion de son collègue absent, M. Pirmez, comme dans la sienne propre, la formule du droit d'option accordé à l'Italie jusqu'à l'échange des ratifications doit être maintenue dans toute son intégrité.

En signalant à l'attention de MM. les Délégués italiens l'étendue des concessions faites à l'Italie par l'acte additionnel, M. le délégué de la Belgique rappelle et confirme les réserves de principe déjà exprimées au nom de son Gouvernement. (Procès-verbaux du 19 octobre 1878 et du 13 juin 1879.)

M. Jagerschmidt (Charles) constate que, au point où en est arrivée la discussion, et en présence des avis contradictoires qui viennent de se produire, c'est à MM. les Délégués italiens qu'il appartiendrait de provoquer encore une fois, sur le point contesté, l'examen de leur Gouvernement. Si, après qu'ils lui en auront de nouveau référé par la voie télégraphique, le Gouvernement italien, au risque de compromettre le maintien de l'Union, croyait devoir persister dans sa demande, il y aurait alors lieu, pour les délégués des autres États, de solliciter, à leur tour, des instructions qui les mettraient à même, soit de reprendre la négociation de l'acte additionnel sur une nouvelle base, soit de renoncer à tout arrangement.

M. Kern se refuse à croire qu'une contestation du genre de celle qui occupe la Conférence puisse amener la rupture d'une Union à laquelle, de part et d'autre, on attache un si juste prix; et il n'hésite pas à dire que, si l'événement venait à contredire ses prévisions, la circonstance qui l'aurait fait naître produirait sur l'opinion publique la plus fâcheuse impression.

M. Scotti et M. Malvano expriment l'intention d'informer leur Gouvernement, par voie télégraphique, de la résistance absolue que leur amendement à l'article 7 rencontre de la part de tous les membres de la Conférence, et ils se réservent de faire connaître la réponse qu'ils en recevront sans doute avant la prochaine réunion qui est fixée à mercredi.

La séance est levée à 4 heures et demie.

Le Président,

Signé : Léon SAY.

Les Secrétaires,

Signé : Ernest Crampon.

Henri Jagerschmidt.

QUATRIÈME SÉANCE.

CONFÉRENCE MONÉTAIRE

ENTRE

LE BELGIQUE, LA FRANCE, LA GRÈCE, LA SUISSE ET L'ITALIE

EN 1879.

4ᵉ SÉANCE.

MERCREDI 18 JUIN 1879.

PRÉSIDENCE DE M. LÉON SAY.

Étaient présents MM. les Délégués

de la Belgique,

de la France,

de la Grèce,

de l'Italie,

et de la Suisse,

qui assistaient à la précédente réunion, ainsi que M. Pirmez.

La séance est ouverte à 1 heure après midi.

M. le Président donne la parole à MM. les Délégués italiens sur l'article 7.

M. Malvano fait connaître que la délégation italienne a reçu les nouvelles instructions qu'elle avait sollicitées de son Gouvernement à l'issue de la dernière séance.

Le cabinet de Rome persiste, en ce qui le concerne, à ne pas saisir la valeur pratique de la clause d'option insérée dans l'article 7 du projet. Il ne voit pas comment il pourrait y avoir lieu à une option, alors que le Gouvernement italien a déjà fait son choix entre la combinaison de l'Arrangement du 5 novembre et celle de l'acte additionnel en cours de préparation, et que, des deux alternatives, une seule est, à ses yeux, acceptable.

Néanmoins, par déférence pour l'opinion des autres parties contractantes, et voulant faire preuve de l'esprit de conciliation qui l'anime, le Gouvernement du Roi s'est décidé à accepter, dans son intégralité, le texte de l'article 7. Il renonce aussi à la procédure qui avait été suggérée par ses délégués et qui consistait à insérer sa déclaration d'option au procès-verbal de la dernière séance après la signature de l'acte additionnel.

M. LE PRÉSIDENT constate que cette déclaration met un terme à la seule difficulté qui pût entraver la conclusion du nouvel accord, et se félicite d'avoir à en donner acte à MM. les Délégués italiens.

Lecture est faite des autres articles du projet ainsi que du titre et du préambule.

Titre :

ACTE ADDITIONNEL À L'ARRANGEMENT RELATIF À L'EXÉCUTION DE L'ARTICLE 8
DE LA CONVENTION MONÉTAIRE DU 5 NOVEMBRE 1878.

Préambule :

Les Gouvernements signataires de la Convention monétaire conclue à Paris le 5 novembre 1878 ayant cru devoir laisser à l'Italie la faculté d'ajourner à l'époque qu'elle jugerait convenable la suppression des coupures divisionnaires de papier inférieures à cinq francs prévue à l'article 8 de ladite Convention,

Les Soussignés, dûment autorisés à cet effet, sont convenus des dispositions suivantes :

ART. 1er. Les pièces italiennes d'appoint, retirées de la circulation en Belgique, en France, en Grèce et en Suisse et centralisées par le Gouvernement français conformément à l'article 2 de l'Arrangement annexe à la Convention monétaire du 5 novembre 1878, seront tenues à la disposition du Gouvernement italien.

Le compte de ces pièces sera arrêté entre la France et l'Italie au 31 janvier 1880.

ART. 2. Le Gouvernement français transmettra ces pièces au Gouvernement italien, dans les localités que celui-ci désignera sur la frontière française ou à Civita-Vecchia.

Les monnaies provenant de la Belgique, de la Grèce et de la Suisse, dont le montant est évalué à la somme de 13 millions, seront transmises, jusqu'à concurrence de ladite somme, dans les quinze premiers jours du mois de janvier 1880.

Le solde des pièces retirées d'après le compte arrêté entre la France et l'Italie sera transmis dans les six premiers mois de la même année 1880.

Ces articles, ainsi que le titre et le préambule, sont adoptés sans observation.

Les articles 3 et 4 sont ainsi conçus :

ART. 3. Le remboursement par le Gouvernement italien des pièces qui lui auront été remises s'effectuera, soit en or, soit en pièces de 5 francs d'argent, soit en traites sur Paris, soit en bons du Trésor italien payables à Paris, et se fera aux époques suivantes :

1° Dans les quinze premiers jours du mois de janvier 1880, la somme de 13 millions représentant la contre-valeur des pièces provenant de la Belgique, de la Grèce et de la Suisse;

2° Dans le courant de l'année 1880, une somme de 17 millions;

3° Dans le courant de chacune des années 1881, 1882 et 1883, le tiers de la somme représentant le solde du montant des pièces retirées, ladite somme portant un intérêt maximum de 3 p. o/o l'an, payable en numéraire à partir du jour de la remise des pièces.

Le Gouvernement italien se réserve, d'ailleurs, la faculté de se libérer par anticipation.

Art. 4. Dans le cas où le Gouvernement italien manifesterait le désir d'ajourner la réception des pièces autres que les 13 millions provenant de la Belgique, de la Grèce et de la Suisse, le Gouvernement français, sur l'avis qui lui en sera donné avant le 31 décembre 1879, s'engage à les garder, en totalité ou en partie, pour les tenir à toute époque à la disposition du Gouvernement italien jusqu'aux échéances fixées par l'article précédent pour le remboursement, et ce, moyennant un intérêt maximum de 1 1/2 p. o/o payable en numéraire à partir du 1er janvier 1880 jusqu'au jour de la livraison des pièces.

M. Malvano dit, au sujet de ces deux articles, que des pourparlers officieux, déjà entamés, lui font espérer que le taux des intérêts à payer par le Gouvernement italien au Gouvernement français pourrait être réduit dans une certaine proportion; il propose, en conséquence, de modifier dans ce sens le texte de ces articles.

M. le Président fait observer que le taux des intérêts sera fixé d'une manière définitive à la suite d'une entente qui ne pourra intervenir entre le Gouvernement français et la Banque de France qu'après que la Convention monétaire du 5 novembre aura reçu la sanction législative, et que le Gouvernement aura acquis, en vertu d'une loi, le pouvoir de traiter avec la Banque sur une base donnée. Les chiffres actuellement indiqués, dans les articles 3 et 4, pourraient n'être considérés que comme des maximum que le taux des intérêts ne pourra pas dépasser, mais en dessous desquels il pourrait être fixé. A cet égard, le Gouvernement français fera bénéficier l'Italie de tous les avantages qu'il obtiendrait de la Banque, sous réserve du prélèvement des dépenses que le traité à intervenir entre le Trésor et la Banque laisserait à la charge du Trésor.

M. Kern, précisant l'observation de M. le Président, propose de dire, dans les deux articles, que le taux de 3 p. o/o et de 1 1/2 p. o/o d'intérêt sont des taux *maximum*. On indiquerait clairement par cette rédaction que les chiffres indiqués peuvent être abaissés à la suite d'une entente particulière entre le Gouvernement français et le Gouvernement italien.

M. Scotti et M. Malvano se rallient à cette rédaction.

— 46 —

Il est convenu, en conséquence, que les mots : « un intérêt de 3 p. o/o l'an »
et « un intérêt de 1 1/2 p. o/o, » aux articles 3 et 4, seront remplacés par ceux-ci :
« un intérêt *maximum* de 3 p. o/o » et « un intérêt *maximum* de 1 1/2 p. o/o. »

Sur une question posée par MM. Scotti et Malvano, il est entendu que
la faculté accordée au Gouvernement italien par l'article 4 implique également, en sa faveur, celle de désigner la nature des pièces de monnaie qui
seront comprises dans chaque livraison.

Les articles 6 et 8, ainsi conçus :

Art. 6. Le Gouvernement italien remboursera au Gouvernement français, en même
temps que le solde du montant des pièces qui lui auront été remises, les frais de toute
nature, y compris les frais de transport à la frontière, auxquels donneront lieu les opérations prévues par le présent Acte additionnel ainsi que par les articles 1 et 2 de l'Arrangement annexe à la Convention du 5 novembre 1878, ces frais ne pouvant, dans aucun
cas, dépasser la somme de 250,000 francs.

Art. 8. Le présent Acte additionnel à l'Arrangement monétaire du 5 novembre 1878
sera ratifié, et les ratifications en seront échangées à Paris en même temps que celles
dudit Arrangement.

sont adoptés sans observation.

M. le Président constate que toutes les dispositions de l'acte additionnel
se trouvent arrêtées et, sur sa proposition, la Conférence décide de se réunir
vendredi prochain, pour procéder à la signature des instruments.

La séance est levée à 4 heures et demie.

Le Président,

Signé : Léon SAY.

Les Secrétaires,

Signé : Ernest Crampon.

Henri Jagerschmidt.

CINQUIÈME ET DERNIÈRE SÉANCE.

CONFÉRENCE MONÉTAIRE

ENTRE

LA BELGIQUE, LA FRANCE, LA GRÈCE, L'ITALIE ET LA SUISSE

EN 1879.

5ᴱ ET DERNIÈRE SÉANCE.

VENDREDI 20 JUIN 1879.

PRÉSIDENCE DE M. LÉON SAY.

Le vendredi, 20 juin 1879, à 1 heure de l'après-midi, MM. les Délégués

 de la Belgique,

 de la France,

 de la Grèce,

 de l'Italie,

 et de la Suisse,

se sont réunis au Ministère des Affaires étrangères pour signer l'Acte additionnel à la Convention du 5 novembre 1878, dont les termes ont été arrêtés dans leur précédente réunion.

En ouvrant la séance, M. LE PRÉSIDENT présente les pouvoirs qui autorisent les Délégués du Gouvernement français à signer cet Acte, et il invite MM. les Délégués des autres États à vouloir bien également déposer sur le bureau de la Conférence les pouvoirs dont ils sont munis.

Lecture est donnée de l'Acte et, les cinq instruments étant collationnés, MM. les délégués y apposent leur signature et leur cachet.

Sur une question posée par M. Malvano, il est entendu qu'il sera procédé par un seul acte à l'échange des ratifications de la Convention monétaire du 5 novembre 1878, de l'Arrangement relatif à l'exécution de l'article 8 de ladite Convention, en date du même jour, et de l'Acte additionnel en date d'aujourd'hui.

M. Jagerschmidt (Charles) rappelle que, en vertu de l'article 16 de la Convention du 5 novembre 1878, les ratifications doivent en être échangées dans le délai de huit mois à partir du jour de la signature. Ce délai expire le 5 juillet prochain; or, il lui paraît bien difficile que d'ici à quinze jours on puisse obtenir, dans les cinq États, la sanction requise des pouvoirs législatifs.

A la suite de cette observation et après un échange d'idées à ce sujet, il est entendu, d'un commun accord, que le délai stipulé pour l'échange des ratifications de la Convention et de l'Arrangement du 5 novembre 1878 sera prolongé jusqu'au 1er août 1879.

M. Kern, en sa qualité de doyen de la Conférence, tient à se faire, avant qu'elle se sépare, l'interprète des sentiments de gratitude qu'elle a voués à son Président. Si, dit-il, les difficultés qui se sont élevées dernièrement dans le sein de l'Union latine ont pu être si rapidement aplanies, c'est à la haute et conciliante sagesse de M. le Ministre des finances, c'est à son impartiale sollicitude pour tous les intérêts des divers membres de l'Union, que ce résultat, en grande partie, aura été dû. L'existence de l'Union monétaire, un moment mise en péril, se retrouve de nouveau consolidée. Il remercie donc chaleureusement M. Léon Say d'avoir efficacement contribué au maintien d'une alliance dont le lien resserre et, en quelque sorte, consacre les bons rapports de commerce et d'amitié existant entre les pays qui y participent.

M. Kern remercie ensuite MM. les Secrétaires du concours utile et dévoué qu'ils ont prêté à la Conférence.

MM. les Délégués s'associent unanimement aux sentiments qui viennent d'être exprimés par M. Kern.

M. le Président s'en montre profondément touché et se félicite, à son tour, des relations qu'il lui a été donné d'entretenir avec MM. les Délégués pendant la durée des travaux de cette dernière Conférence et dont il conservera un précieux souvenir. Il est vrai, ajoute-t-il, que les difficultés qui avaient surgi ont été assez vite résolues; mais c'est à la Conférence tout entière, à l'esprit de conciliation qui animait tous ses membres, que l'Union en aura été redevable.

La séance est levée et la Conférence se sépare à 2 heures après midi.

Le Président,

Signé : Léon SAY.

Les Secrétaires,

Signé : Ernest Crampon.

Henri Jagerschmidt,

TABLE DES MATIÈRES.

TABLE DES MATIÈRES.